JN106648

1日たった **5分!**
すきま 時間

おうち **de**
バイリンガル
英会話

親子のための **語りかけ英語**

Ari Nakaza 著

セルバ出版

まえがき

　はじめまして、著者の Ari Nakaza こと、仲座阿吏俊です。私は、英語を身につけ世界に羽ばたきたい方を全力で応援しており、沖縄で英会話教室、オンラインスクール、英語教材開発事業を立ち上げ、英語をいかに効率的に習得できるかを日々探求し実践しています。

　本書は、普段の生活の中で何気なく交わされる親子または家族間の会話表現を厳選し、簡単にインプットとアウトプットができるよう工夫してまとめた渾身の１冊です。学校で教わる受験用の勉強法では全くありません。英語圏の国で親子が実際に使っている、実践的かつリアルな英会話表現をユニークなイラストを添えてわかりやすく解説しています。この１冊を読み終える頃には、朝起きてから夜寝るまでの日常会話表現を、頭で考えることなくすらっと英語で言えることができるようになるでしょう。

　１日たった５分のすきま時間！　効率よくインプットし、その日のうちにアウトプットすることで、無理なく続けながら英語を自然に身につけることができます。

　また、一番の不安材料とも言える「発音」をしっかり習得できるように、本書内のQRコードをお手元のスマホやタブレットで読み取り、ネイティブの発音を簡単にチェックできる音声機能を載せています。さらに英語圏の文化を紹介しているコラムもあり、楽しみながら読み進めることができます。

　情報が溢れ返る世の中、何から手を付ければよいのか悩まれる方も多いかと思いますが、英語習得の近道は１つです。それは、１日の限られた時間の中でどれだけ英語を取り入れるかです。英語で考え、イ

ンプットとアウトプットを意識しながら実践していくことで、習慣化し、自然に英語で語りかけができるようになります。それが実現できるのが本書です。おうちの中でのお子さまとの会話を英語にすることで、ご自身の英語力が向上し、自信がつくだけでなく、お子さまの成長も実感でき、さらに親子の絆も深められることでしょう。

　ぜひ、「おうち de バイリンガル英会話」を実践していただき、一生に一度のお子さまとの貴重な時間を有意義にお過ごしください。お子さまにとって、いつまでも輝く「カッコイイお父さん、お母さん」であり続けられるよう心から応援しています。それでは、Let's get started!!

2022 年 12 月

Ari Nakaza

■ 本書の構成と使い方

本コンテンツは、パパ・ママがキッズによく使う会話フレーズを一日の流れに沿って3つのセクションと51のフレーズに整理しています。

さらに、曖昧な発音や読み方が解消できる音声機能も載せていますので、お手持ちのスマホで手軽に聞いて確認することができます。子育てで忙しいパパ・ママも、すきま時間を使って英語の発音やイントネーションをしっかり練習することができます。

実用的な英会話表現を手軽にインプットして、お子さまに向かってアウトプットすることで英会話の習慣化が実現します。

一緒に楽しく英語を上達させましょう！

ページの基本構成と学習方法
インプットステージ

テーマの表現と解説を確認

英語のフレーズを音読してみる
（一語一句確かめながらゆっくり発音して徐々にスピードを上げる）

スマホ（その他デバイス）でURLまたはQRコードを読み取る

発音とイントネーションを確認し発音してみる

音読を反復練習し、英語筋をきたえる

あいまいな箇所は再度復習

アウトプットステージ

- いよいよお子さまに学んだフレーズを実践するステージです。

- 声かけの際は必ず英語と日本語の両方で伝えましょう。毎日繰り返し習慣化することで、パパ・ママの英語発話力向上とお子さまの耳を鍛えることにつながります。

- まずはゆっくり発音しましょう。スピードは継続することで必ず上がります。

- 毎日繰り返し、反復することで英語がとっさにでてくるようになります。

❶ 日本語
　普段の会話の中でよく使われている表現を厳選しています。

❷ 英語
　ネイティブスピーカーが日常的に使う厳選フレーズです。

❸ 導入
　フレーズをどのような場面やタイミングで使うのかを紹介します。

❹ Vocabulary

単語やフレーズの意味を確認できます。

❺ キッズの返事

各フレーズに対するキッズの返事として一番シンプルな表現を紹介しています。ゆとりが出てきたら返事にもトライしてみましょう。

❻ 解説

フレーズの具体的な説明や他の場面でも応用できるよう解説しています。

❼ 発音のポイント

英語の発音ルールやネイティブ感がアップするコツを紹介します。

❽ Repeat練習

リズムよく練習できるよう、フレーズを短く区切っています。何度も反復練習することで滑らかに発音できるようになります。

❾ 発音チェック

QRコード、URLで手軽に発音チェック！アメリカ人ママのリアルな発音を聴いて確認できます。

QRコードを読み取る方法

①スマートフォン（その他デバイス）で「カメラ」アプリを起動させ、QRコードにかざします。

②画面上にリンク先が表示されたらタップします。

③YouTube動画へ移動し、該当フレーズからの音声が再生されます。

※スマホ等でQRコードが読み取れない場合、QRコード下にあるURLをアドレスバーに入力し検索するとYouTube画面で視聴できます。

※Youtube 動画で聞きたいフレーズが再生されない場合は、前に再生した動画を一旦閉じてから、該当のQRコードを読み取り直してください。

★ まとめタイム

チャプター内で学んだ全てのフレーズを確認できるようまとめています。

COLUMN✎ でほっと一息タイム…

コラムでは異文化の特徴や共通点などを載せています。学習の中休みとして、是非楽しんでください。

■ Table Contents

Globe

Sunrise

英語で語りかけることで
あなたの夢は近づく
さぁ一緒に
英語の世界を旅しよう

Routine 0

「おうち de バイリンガル英会話」のススメ

01　成績最下位からの英語習得

　実は、私は高校まで英語が大の苦手で、テストは常に平均以下のいわゆる落ちこぼれでした。高校卒業後、進路も定まらない私を見かねた母からアメリカ行きの航空券を渡され、初渡米。そのとき、目にしたアメリカの広大さと迫力に感銘を受け、ぜひアメリカの大学に進みたいと決意しました。

　帰国後、すぐに英語の学習を始め、2年後、再度渡米。アメリカの名門校パデュー大学を卒業し、米国企業で2年間の就労経験を経て帰国後、故郷沖縄で、米軍対応英語通訳や医療英語通訳、英語講師としての経験を積んできました。

　現在は、語学教室を運営する身となり、大好きな英語とともに人生を歩んでいます。そんな私の経験から確信をもって言える「英語習得への近道」は1つです。

　それは、「1日の中でどれだけ英語に触れるか」です。「少しでもいい。毎日欠かさず必ず英語に触れる！」という意識を持ちながら、英語教材や英会話教室などを活用し、インプットとアウトプットを継続することで、大きな力になると断言できます。限られた時間の中でどれだけ英語を取り入れるかです。

　英語で考え、インプットとアウトプットを意識しながら実践していくことで、習慣化し、自然に英語で語りかけができるようになります。

　それが実現できるのが本書です。おうちの中でのお子さまとの会話を英語にすることで、ご自身の英語力が向上し、自信がつくだけでなく、お子さまの成長も実感でき、さらに親子の絆も深められることでしょう。

02　効率のよい英語学習法とは

　皆さんは１年を通してどれだけ英語の環境に身を置いていますか。

　例えば、一般的な英会話教室で月４コマ（週１時間）受講されている方は年間約 48 時間、月８コマであれば年間約 96 時間です。言い換えれば、年間で４日間しか英語に触れていないことになります。２年で８日間、５年で 20 日間……。「エッ！？」とビックリされた方も少なくないでしょう。

　一般的に物事を習得するには、2000〜3000 時間必要だといわれています。効率的に英語を習得したいと焦る気持ちは理解できますが、何かを習得するには、やはり、それなりの時間を費やすことが大切です。

　一夜漬けなどの短期集中型の学習や一時的な受験対策では短期記憶でしかなく、覚えたことはすぐに忘れてしまい、英語を話せるようにはなりません。

　計画を持って生活に無理のない範囲で長期的にコツコツ続けることで、脳に記憶を植え付けることができ、学習したことが永続的に残るのです。

　つまり英語習得に大切なことは、しっかりとした学習内容を「継続的に続けること」なのです。その意識をもって英語と向き合えば、着実に英語力を伸ばすことができ、結果的に一番効率のよい方法だと言えるのです。

03　制作へのこだわり

　本書を制作するにあたり、「日本の親子の英語力を心から伸ばしたい！」という私の思いに賛同した優秀な英語のプロ講師陣およびデザ

イナーに関わっていただきました。

　子育てに奮闘中のアメリカ人ネイティブ講師、英語圏留学未経験にも関わらず高度な英語力を身につけ、「おうち de バイリンガル英会話」を実践している母親英語講師と、インターナショナルスクールで幼児英語教育経験があり、アメリカにホームステイしながら子どもの保育や家事をするオペア留学経験がある保育英語講師、楽しく読み進められるよう、英語フレーズのニュアンスに合ったユニークでやさしいタッチのイラストを作成したグラフィックデザイナーの素晴らしい仲間たちの協力のもと、本書を完成させることができました。

　以前の私と同じように、英語に苦手意識のある方でも大丈夫です。
　本書は、「おはよう！」の挨拶から始まり、１日の流れに沿って交わされる親子の会話をイメージして編集されているので、安心して楽しく読み進めることができます。

　英語関連の書籍は他にも多数ありますが、英語を使うために必要な要素の説明のみ、またはフレーズの紹介だけというものがほとんどです。
　本書はその両方を含むだけでなく、さらに英語環境をつくるためのコーチングや、英語のプロが厳選した日常フレーズを丁寧な解説と音声が確認できる QRコードを載せています。
　ページをめくるとすぐに実践したくなるよう工夫されているので、一歩一歩着実に、楽しく読み進めることができるでしょう。

04　焦らず一歩一歩着実に

　最近はインターネットの普及のおかげで、英語関連の情報に簡単にアクセスできるようになりました。
　ただ、その情報が正しいか、このまま続けて身につくのか、実践で

きるかなど不安を抱えている方も多いのではないでしょうか。不安の
まま進めた結果、あまり身に付かなかったなど、便利さゆえの不便を
感じている方も少なからずいらっしゃると思います。

　本書は１からステップを踏み、正しい英語表現が学べる便利ツール
です。英語圏で実際に子育てに奮闘しているアメリカ人講師と日本人
英語講師の監修のもと、適切な英会話表現とその使い方、そして発音
を解説しています。

　焦らず自分のペースで無理なく進めてみましょう。フレーズ毎に「導
入、単語の意味、解説、発音」の説明があります。それらを読んだあと、
お手持ちのスマホやタブレットを QR コードにかざし（または他のデ
バイスで URL 入力）、発音をチェックしてインプット！
　学んだフレーズを実際にお子さまに使いアウトプットしていきま
しょう。

　例えば、Routine 1 の始めに、「おはよう！　Good morning, honey!」
のフレーズが紹介されています。
　まず、ページの内容を読み、QRコードで音声をチェックします（イ
ンプット）。翌朝、お子様に「Good morning, honey!　おはよう！」
と英語と日本語で声をかけてみましょう（アウトプット）。
　アウトプットする際、お子さまに返事を求めなくても大丈夫です。
英語で語りかけることで、ご自身の英語力向上とお子さまの耳を鍛え、
英語を日常に浸透させることを目標にしましょう。

　もちろん、最初はぎこちないかもしれません。最初は誰だって初心
者です。ネイティブだって、誰もが初心者でした。それを何度も繰り
返すことで体が覚え、より自然な発話へとつながるようになるのです。
　その日のうちにマスターする詰込み式は卒業しましょう。一歩一歩

自分のペースで続けることが言語習得の近道になります。小さな一歩を続けることで、気が付いたら大きな成功に辿り着いていることに驚くでしょう！　スモールスタートで一緒に続けましょう。

05　母語あっての第二言語

　日本で生活しながら英語教育する場合、母語である日本語をバランスよく取り入れることも重要です。

　なぜなら、母語は、感情や意志を伝える表現力の基盤や思考の土台となるもので、その土台の範囲で第二言語に変換できるからです。

　母語は社会において周囲の人々と交流するために使う主要な道具です。状況に応じたコミュニケーション能力は母語で学び磨き上げていきます。その大事な母語の基盤作りを行いながら、第二言語を取り入れることで、子どもの感情や表現力の向上につながります。

　バイリンガル教育には、母語と第二言語の両方をバランスよく使うことが必要です。

　本書は各英語フレーズに日本語を添えています。学んだフレーズをお子さまにアウトプットする際は、英語と日本語の両方で伝えてみてください。両方の言語を聞くことで、お子さまはフレーズの意味をしっかり理解できます。

　声かけをする「アウトプット」側と、聞く「インプット」側の双方が負担にならないよう、楽に進めていただければ幸いです。

06　伸びる子育てとは

　私は 2013 年から英語講師業をスタートし、これまでに多くのお子さまや保護者さまとお話させていただきました。その中でわかったのが、成果を上げるお子さまとその保護者さまには共通する姿勢がある

ということです。

　まず、成果を上げるお子さまの姿勢は、「英語を楽しんでいること」です。積極的に発言する子はもちろんですが、普段あまり発言しなくても、しっかり課題をこなし集中する子は成果を上げています。

　学ぶ姿勢にはさまざまな個性がありますが、なにより「楽しんでいること」がストレートに伝わってくると、その子は着実に成果を上げています。

　そして、成果を上げるお子さまの保護者さまに共通している姿勢や態度は、「よき応援者であり、傾聴者（グッドリスナー）であること」です。

　お子さまがレッスンのことや普段のことを嬉しそうに報告しているとき、保護者さまは、お子さまの目を見て、「そうなんだ」「頑張ってるね」と嬉しそうに耳を傾け、ポジティブな言葉を発しています。また、お子さまの話の途中で意見を挟まず、話が終わるまでしっかりと聴いています。

　傾聴する姿勢はすぐに身につけられる簡単なものではありません。普段の生活の中で、意識的に「傾聴の姿勢」を心掛けることで身につけることができるものだと思います。

　子どものパフォーマンスは親の姿勢によって大きく左右されます。

　なぜなら、子どもにとって一番の理解者は親であり、親に認められたいと願っているからです。子どもは親がそばにいて自分の意見や行動を認めてくれていると感じたときに、安心感と自己肯定感、自信が最高潮に達しパフォーマンスを上げます。

　英語学習に限らず、部活動や習い事においても、活躍する子の親は試合や集会に顔を出し、子どもを背後から応援している姿がよく見られます。子どものパフォーマンスにポジティブワードを声かけて応援することが、子どもにとって大きな原動力になっているのです。

また、子どもが楽しく自信を持って英語の成果を上げるには、まず親が楽しく自信を持って英語に向き合うことが大切です。楽しく英語に向き合うためには、自分自身の目標を掲げることが必要です。

　「英語を喋れるようになったらこれがしたい！　あれがしたい！」と夢を膨らませてみてください。子どもは楽しそうな親の姿を見て、自然に興味が湧いてきます。そのときがチャンスです。一緒に楽しんで英語を使いましょう。

　強制したり意見を挟んだりすると逆効果になるので、そこは注意が必要です。子どもが挑戦することを背後から応援し、自分自身も英語と向き合い、ワクワクしながら学んだ英語を実践する、そんな姿勢で本書を読み進めていただければ幸いです。

07　おうち de バイリンガル英会話のメリット

　英語は言葉という「生きた道具」です。短期間で使いこなせる、習得できるという願望や思い込みは変えたほうがよさそうです。母語の日本語でさえ、学校卒業と同時に学習終了というわけではありません。社会に出たあとも状況に応じて、必要な語彙や表現力を学んだりします。

　また、毎年、新語や造語も出てきます。つまり、コミュニケーションが存在する限り、言語の学びと成長は永遠と続きます。一生続くからこそ、楽しくワクワクしながら身につけて行くべきです。1日の中で少しでも英語に触れることから始めましょう。

　インターネットを活用して英語に関連する情報を収集したり、映画や動画を観たり、好きな洋楽を聴いたり、英語の単語や表現をまねたりすることも決して無駄ではありません。自分に合った英語学習環境を作ることがとても重要です。そして学んだ知識をインプットとアウトプットの両方でバランスよく実践することです。

　インプットとは、観たり聴いたりして脳内に情報を取り入れることです。アウトプットとは、取り入れた情報を口に出して発したり、書いたりして発信することです。

　特に言語に関しては、一度取り入れた情報をアウトプットすることで自分のものとして使いこなせ、定着し応用することができます。つまり、会話を続けられるようになります。

　アウトプットは、幼い子供のように何度も繰り返して練習することから始まり、最終的には周囲の人に対して発話し、相手の反応を得ることで大きな成長が得られます。

　さらに、発話することで得られるメリットは主に5つあります。
①自分の弱点（できないこと）に気付くことができる
②記憶を定着させることができる
③発話する瞬発力が鍛えられる
④実践的に使えるようになる
⑤英語が生活の一部になる

　本書では、朝起きてから夜寝るまでの一日に使う最も一般的な厳選51の会話表現をネイティブの英語表現と、使うタイミング、発音をユニークなイラストと共に解説しています。英語の得意不得意に関係なく、日常で使う簡単なフレーズから無理なく進めることができます。

　1日1フレーズ学ぶと51日間で本書内のフレーズを習得することが可能です。最終的には、これら51フレーズを毎日アウトプットし続けられれば、習慣化し自然に体で覚えることができます。

　親が英語を話す勉強をし続ける姿を間近でみている子どもも自然と学び、親子で生涯を通して成長することにつながります。そして何より、この『おうち de バイリンガル英会話』の日頃のやり取りが、「かけがえのない親子の思い出」となります。

本書が皆さまにとって一生もののかけがえのない1冊になることを切に願っております。

08　効果的に学ぶためのチェックリスト

　本書を最大限有効活用するために、下記項目を念頭に入れて読み進めることをおすすめします。

- 「英語が喋れるようになったらやりたいこと」のイメージを膨らませる！
- 語りかけるときは、「ワクワク・楽しく」がキーワード！
- インプットとアウトプットの両方を実践する！
- 日本語と英語の両方で語りかける！
- 焦らず一歩一歩着実に毎日続ける！
- 子どもに強制・矯正しない！
- 子どもの声に耳を傾け、応援する！
- 恥じらいは禁物！

Routine 1

朝、起きてから出かけるまでのフレーズ

おはよう!

Good morning, honey!

Good morning のあとに、お子さまのお名前や honey などを加えると愛情たっぷりの表現になります。親しい人に呼びかけて、朝からポジティブなエネルギーを取り入れ幸運な一日にしましょう!

Vocabulary

- ▸ **Good** —— よい
- ▸ **morning** —— 朝、午前
- ▸ **honey** —— 愛おしい人 (への呼びかけ表現)

キッズの返事

- • Good morning.
  — おはよう。

解説 👓

honey の他にも、いろいろな呼び方があります。

sweetie　　baby　　sweetheart　　dear

どれも「愛おしい、可愛い人」という意味です。言いやすい表現を選んで使ってみてください。ただし、これらの呼びかけ表現は目上の方には使えませんのでご注意ください。

発音のポイント 💡

● ここで英語の発音ルールを1つ覚えましょう。
　単語の最後にあるdとgの音は消えてほぼ聞こえません。

Repeat練習 🔄

1. まずはフレーズを短く区切って練習しましょう。

Good morning ― honey.

2. まとめて練習

Good morning, honey!

それでは、QRコードを読み取って
ネイティブママの発音を確認しよう！

発音Check!

https://youtu.be/tdmc7BezjP0?t=10

02

起きる時間だよ。
It's time to wake up.

なかなか起きないお子さまにはこの魔法の言葉！「起きる時間だよ」と明るい声で語りかけましょう。それでも起きない子には sleepyhead「お寝坊さん」の単語を語尾につけて可愛らしく起こしてみましょう！

Vocabulary

▶ **time to** ── ～する時間
▶ **wake up** ── 起きる

キッズの返事

• **Okay.**
── わかった。

解説 👓

It's time to 〜 の表現は「〜の時間だよ（です）」という意味で、to の後には動作（つまり動詞）を続けることでいろんな場面で使えます。wake up を使うと、「起きる時間だよ」という意味になります。また、最初の It's は省略して、Time to wake up!　だけでも十分伝わります。

発音のポイント 💡

● それでは練習しましょう！　英語は滑らかに発音するようにしましょう。音をしっかり聞いてそのまま覚えてください。

Repeat練習 🔄

1. まずはフレーズを短く区切って練習しましょう。

It's time to ― wake up.

2. まとめて練習

It's time to wake up.

それでは、QRコードを読み取って
ネイティブママの発音を確認しよう！

発音Check!

https://youtu.be/tdmc7BezjP0?t=22

03

よく眠れた？

Did you sleep well?

Well とは「よく」「上手に」という意味があります。「〜した？」と行為の確認は Did you 〜？　で OK ！

Vocabulary

▸ **Did you 〜?** ─ あなたは〜した？
▸ **sleep** ──── 眠る
▸ **well** ───── よく

キッズの返事

• **Yes.**
　─ うん。
• **Not much.**
　─ あまり
　　眠れなかったよ。

解説 👓

「～した？」と相手の行為を確認するときは、Did you～?　を使い、後には動詞が続きます。

発音のポイント 💡

● Did の d と you の音をがっちゃんこすると、「ディッジュ」となります。

● Sleep の p は唇を閉じて息を一旦閉じ込めて、唇を開けるときに息を「パッ」と吐き出す破裂音です。

● Well「ウェル」の l（エル）は「ル」ではなくて、「オー」に近い音になり、「ウェオ」となります。これは語尾が l（エル）で終わる単語に共通するルールです。

Repeat練習 🔄

1. まずはフレーズを短く区切って練習しましょう。

Did you ― sleep well?

2. まとめて練習

Did you sleep well?

発音Check!

それでは、QRコードを読み取って
ネイティブママの発音を確認しよう!

https://youtu.be/tdmc7BezjP0?t=34

今日は晴れてるね。

It's sunny today.

晴れた日にはこの言葉で気持ちのいい朝を迎えましょう！　天気の話題は英語で挨拶するときに役立つのでしっかりおさえましょう。

Vocabulary

▸ **It's = It is** ── （天気が）〜だ
▸ **sunny** ── 晴れ
▸ **today** ── 今日

キッズの返事

• **Yes!**
── やった！

解説 👓

It's は It is を短くしたもので、「〜だ、〜です」という意味です。It's は天気、気温、時間、日付、曜日、距離などに使える便利な魔法の表現なんです！　天気によって、sunny の部分を、cloudy, rainy, windy, snowy, stormy などに置き換えます。

発音のポイント 💡

● 母音 U の発音は４種類あります。　→　『ア』『ウ』『ウー』『ユー』
● sunny の場合は、軽く弱く発音する『ア』の音で、『サニー』と発音します。

Repeat練習 🔄

1. まずはフレーズを短く区切って練習しましょう。

It's sunny ― today.

2. まとめて練習

It's sunny today.

それでは、QRコードを読み取って
ネイティブママの発音を確認しよう！

発音Check!

https://youtu.be/tdmc7BezjP0?t=48

今日は学校お休みだよ！

No school today!

この朗報に喜ばないお子さまはいないのでは⁉︎　この魔法の言葉で目覚めバッチリ。想像しながら声かけの練習をしてみましょう！

Vocabulary

- ▶ No ——— 〜がない
- ▶ school —— 学校
- ▶ today —— 今日

キッズの返事

- Yay!
  — イェ〜イ！

解説 👓

school を work に置き換えると、「仕事がお休み」になります。宿題がなければ No homework! になります。

発音のポイント 💡

● 学校は「スクール」ではなく「スクーオ」と発音してネイティブ感をアップさせましょう。語尾が l (エル) で終わる単語に共通するルールです。

Repeat練習 🔁

1. まずはフレーズを短く区切って練習しましょう。

No school — today.

2. まとめて練習

No school today.

それでは、QRコードを読み取って
ネイティブママの発音を確認しよう!

発音Check!

https://youtu.be/tdmc7BezjP0?t=62

06 顔を洗ってね。

Wash your face.

まだ眠たそうなお子さまには顔を洗ってすっきり目覚めてもらいましょう！

Vocabulary

▸ Wash ― 洗う
▸ your ― あなたの
▸ face ― 顔

キッズの返事

• Alright.
― は〜い。

解説

「命令形」は必ずしも命令しているというわけではありません。相手にやって欲しいことを伝える「依頼」という感覚もあります。
ここでの Wash your face. は「顔を洗え！」ではなく「顔を洗ってね」という意味になります。やさしい口調で言ってみましょう。

発音のポイント

- wash と your は連結して、「ワッシュア」と発音します。
- face の f は上の前歯で下唇を軽く触れて発音します。

Repeat練習

1. まずはフレーズを短く区切って練習しましょう。

Wash your ― face.

2. まとめて練習

Wash your face.

それでは、QRコードを読み取って
ネイティブママの発音を確認しよう！

発音Check!

https://youtu.be/xAMIRuNSRBA?t=12

歯を磨いてね。

Brush your teeth.

歯を磨けばさらにすっきり！　清潔な歯で最高の笑顔！

Vocabulary

- ▶ **Brush** — 磨く
- ▶ **your** —— あなたの
- ▶ **teeth** — 歯

キッズの返事

- Okay.
  — わかった。

解説 👓

歯を磨くことは毎日の習慣です。

毎日行う習慣だけに、すぐに習得できる声かけです。

発音のポイント 💡

● brush と your が連結して、「ブラシュア」になります。
● teeth の th は舌先を上と下の歯の間に軽くはさんで、息を出します。
　まるで、上の歯と舌の間から息が出る感じです。

Repeat練習 🔄

1. まずはフレーズを短く区切って練習しましょう。

Brush your ― teeth.

2. まとめて練習

Brush your teeth.

それでは、QRコードを読み取って
ネイティブママの発音を確認しよう！

発音Check!

https://youtu.be/xAMIRuNSRBA?t=27

お着替えしてね。

Get dressed.

日本語でドレスと聞くとフリフリワンピースを連想してしまいますが、英語で dress は「服を着る」という意味もあります。また「正装・礼装」という意味もあり、性別問わず使えます。

Vocabulary

▶ **Get dressed** ― 服を着る

キッズの返事

● **Okay.**
 ― わかった。

● **Help me, please.**
 ― 手伝って〜。

解説 👓

「着る」という表現は他に、wear や put on がありますが、使い方や意味が異なります。

wear　　　服を身につけている状態。
put on　　服やアクセサリーを身につける動作。
dress　　　身支度を整えるという動作。

発音のポイント 💡

- Get のあとに別の子音から始まる単語が続くときは、語尾の t は脱落して聞こえなくなります。
- dressed の発音ポイント！　最後の ed は "t" の音、「t」になります。

Repeat練習 🔄

1. まずはフレーズを短く区切って練習しましょう。

Get ― dressed.

2. まとめて練習

Get dressed.

発音Check!

それでは、QRコードを読み取って
ネイティブママの発音を確認しよう！

https://youtu.be/xAMIRuNSRBA?t=39

朝ごはんできたよ！

Breakfast is ready!

朝食は一日を元気に過ごすための最も大切なエネルギー源！　大きな声で元気よく伝えましょう。

Vocabulary

▸ Breakfast — 朝食
▸ is ——————— ～だ、である
▸ ready ——————— 準備ができている

キッズの返事

• Okay, I'm coming!
— は～い、今いく！

解説 👓

be 動詞は、「〜である」という「イコール・等しい」と「どこどこにいる、どこどこにある」と、位置を示すときに必要な単語です。
文法というと難しく考えがちですが、さらっと頭の隅に入れる感じで覚えておきましょう。

発音のポイント 💡

● ready の R の音に注意！ R の音は「ウーレディ」のように「ウ〜」と口を丸めて音を出し始めるときれいに発音できます。

Repeat練習 🔄

1. まずはフレーズを短く区切って練習しましょう。

Breakfast is ― ready.

2. まとめて練習

Breakfast is ready.

それでは、QRコードを読み取って
ネイティブママの発音を確認しよう！

発音Check!

https://youtu.be/qkN5mTCjz60?t=12

いただきます！（さぁ、食べましょう！）

Let's eat!

海外で「いただきます」を言う習慣はあまりありませんが、敢えて
言うなら Let's eat!　で OK。

Vocabulary

▸ **Let's** ― （一緒に）〜しよう
▸ **eat** ― 食べる

キッズの返事

● **Yes!**
　― は〜い！
● **Let's eat!**
　― いただきます。

解説 👓

Let's は Let と us を省略した形で、「わたしたちに〜をさせて」「〜しよう」という意味で、何か提案したいときに使います。Let's のあとには動作を表す動詞がきます。

発音のポイント 💡

● Let's の t's は「ッツ」としっかり発音します。
● eat は「イート」ではなく、最後の t は脱落してほぼ聞こえません。

Repeat練習 🔄

1.まずはフレーズを短く区切って練習しましょう。

Let's — eat!

2．まとめて練習

Let's eat!

それでは、QRコードを読み取って
ネイティブママの発音を確認しよう！

発音Check!

https://youtu.be/qkN5mTCjz60?t=27

よく噛んで食べてね。

Chew it up.

近頃、ちゃんと噛まないお子さまが増えてきています。そんなときこそ英語で声かけ！　噛む習慣をしっかり身につけてもらいましょう！

Vocabulary

▸ **Chew ~ up** — よくかんで食べる、飲み込む
▸ **it** —————— それ（ここでは食べ物を指しています）

キッズの返事

• **Alright.**
— は〜い。

解説 👓

「噛む」は Chew と言います。ネイティブは動詞のあとによく up を
つけますが、これはその動作の「強調」を表しています。

発音のポイント 💡

● このフレーズを早く言うと、it と up は連結して「イラッ p（プ）」
となり、Chew it up. は「チュゥイラッ p（プ）」になります。

Repeat練習 🔄

1. まずはフレーズを短く区切って練習しましょう。

Chew — it — up.

2. まとめて練習

Chew it up.

それでは、QRコードを読み取って
ネイティブママの発音を確認しよう！

発音Check!

https://youtu.be/qkN5mTCjz60?t=40

お皿は片づけてね。

Put away your plates, please.

食べた後、お皿をなかなか片づけてくれないお子さまに英語で一言！
一緒に片づける気持ちでお子さまにやさしく伝えてあげましょう。

Vocabulary

- ▸ **Put away** ― 片づける
- ▸ **your** ――― あなたの
- ▸ **plates** ――― お皿（食器）
- ▸ **please** ――― お願い

キッズの返事

- **Okay.**
  ― わかった。

解説

Put away で「片づける」という意味で、続けて片づけて欲しいものを言います。最後に please を付け足すと、丁寧な表現になります。

発音のポイント

● Put と away は連結して、「プラウェイ」と発音します。
● put、plates、please と p から始まる単語が 3 つあり、まるで早口言葉みたいですよね (;^ω^)。その p を意識すると発音しやすくなります！

Repeat練習

1. まずはフレーズを短く区切って練習しましょう。

Put away ── your plates, ── please.

2. まとめて練習

Put away your plates, please.

それでは、QRコードを読み取って
ネイティブママの発音を確認しよう！

発音Check!

https://youtu.be/qkN5mTCjz60?t=55

13

靴を履いてね。

Put your shoes on.

さぁ、いよいよ出かける時間！　お子さまがなかなか動かなくてついイライラ。そんなときこそ、深呼吸してやさしく Put your shoes on. と声かけしましょう。

Vocabulary

- ▸ Put ~ on — 身につける
- ▸ your ——— あなたの
- ▸ shoes ——— 靴

キッズの返事

- Okay.
  — は〜い。
- Wait a minute.
  — ちょっと待って。

解説 👓

Shoes の他にも、hat（帽子）, jacket（ジャケット）, raincoat（カッパ）, mask（マスク）など、身につける物は何でも put on で OK ！　Put と on の間に単語を入れるのもよし、Put on の後に入れても大丈夫です。

発音のポイント 💡

● Put your は「プッチュア」と発音することでより滑らかになります。

Repeat練習 🔄

１. まずはフレーズを短く区切って練習しましょう。

Put your ― shoes on.

２. まとめて練習

Put your shoes on.

それでは、QRコードを読み取って
ネイティブママの発音を確認しよう！

発音Check!

https://youtu.be/3Tv3lmDA4zY?t=12

全部持った？（忘れ物はない？）

Do you have everything?

出かける前に「忘れ物ない？　全部持った？」と確認するときに使えるフレーズです。

Vocabulary

▸ Do you ~ ?　── あなたは～ですか？
▸ have ────── 持つ、ある
▸ everything ── 全部、全てのもの

キッズの返事

● Yes.
　── うん。
● No! I forgot ~.
　── あ！～忘れた。

解説 👓

everything の代わりに、より具体的な物の名前を言うことも OK です。

例： keys　　（カギ）　　　handkerchief（ハンカチ）
　　 phone（携帯）　　　water bottle　（水筒）

発音のポイント 💡

● everything の語尾 g の発音はほとんど聞こえません。
● th の発音は上の前歯と下の前歯の間に舌先を軽くはさみ、軽く息
　だけを歯と舌のすきまから出します。難しいのでゆっくり練習しま
　しょう。

Repeat練習 🔄

1.まずはフレーズを短く区切って練習しましょう。

Do you have ― everything?

2．まとめて練習

Do you have everything?

それでは、QRコードを読み取って
ネイティブママの発音を確認しよう！

発音Check!

https://youtu.be/3Tv3lmDA4zY?t=25

15

いってらっしゃい！

支度・準備編 | Have a good day!

Have a good day!

日本語の「いってらっしゃい」的に使われるフレーズが Have a good day!
goodをniceに置き換えてもオッケー。さらにテンションを高める時は
great に置き換えて朝からエンジン全開！

Vocabulary

▸ **Have** ——————— 持つ、送る（から派生して「良い一日を持つ＝送る」）
▸ **a good day** — よい一日

キッズの返事

• **You, too!**
 — あなたもね。
  （いってきます。）

• **I will!**
 — うん、そうする！

解説 👓

good を nice に置き換えてもオッケーです。さらにテンションを高めたいときは great に置き換えて、Have a great day!　と言いましょう。

発音のポイント 💡

● Have の v は上の前歯で下唇の内側をしっかり触れて空気を振動させて息を出します。
● Have と a は連結して、「ハーヴァ」と発音します。

Repeat練習 🔄

1. まずはフレーズを短く区切って練習しましょう。

Have a ― good day.

2. まとめて練習

Have a good day.

それでは、QRコードを読み取って
ネイティブママの発音を確認しよう！

発音Check!

https://youtu.be/3Tv3lmDA4zY?t=40

16 学校、頑張ってね！

支度・準備編 | Good luck at school!

Good luck は「幸運を祈る」という意味があり、日本語の「頑張って」にあたります。学校に送り出すときによく使うフレーズです！

Vocabulary

▶ Good —— よい
▶ luck —— 運
▶ at school — 学校で

キッズの返事

• Thank you.
— ありがとう。

解説 👓

仕事に行く人には、at work をつかって、Good luck at work.
具体的に「テスト頑張って」は on the test を使って、Good luck on
the test. といいます。

発音のポイント 💡

● good の d の音は脱落してほぼ聞こえません。
● school のように L で終わる単語は「ル」ではなく、「オー」となり、
　発音は「スクーオー」になります！

Repeat練習 🔄

1. まずはフレーズを短く区切って練習しましょう。

Good luck ― at school.

2. まとめて練習

Good luck at school.

それでは、QRコードを読み取って
ネイティブママの発音を確認しよう！

発音Check!

https://youtu.be/3Tv3lmDA4zY?t=54

17 大好きだよ！

支度・準備編　I love you!

「大好きだよ。I love you!」の声かけはお子さまの自己肯定感を高めます。そして、ハグもしてあげてください。親からよくハグをされた子どもは、自尊心が高く心が強くなります！　ぜひ習慣化しましょう！

Vocabulary

▶ I ——— 私は
▶ love — 〜を愛する
▶ you — あなた

キッズの返事

● I love you, too!
　— 私も大好きだよ！

56

解説 ∞

「愛」を語るのはとても大事！　子どもが親にとってかけがえのない
存在だと日頃から「大好きだよ。I love you.」と伝えてみましょう。

発音のポイント

- love の v の発音は、上の前歯で下唇を軽く触れ、空気を振るわせ息
  を出します。
- love と you は連結して、「ラヴュー」と発音します。

Repeat練習

1. まずはフレーズを短く区切って練習しましょう。

I ─ love ─ you.

2. まとめて練習

I love you.

それでは、QRコードを読み取って
ネイティブママの発音を確認しよう！

発音Check!

https://youtu.be/3Tv3lmDA4zY?t=68

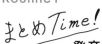

まとめ *Time!*

発音含め全て理解しているか音読しましょう！

01. Good morning, honey!

02. It's time to wake up.

03. Did you sleep well?

04. It's sunny today.

05. No school today!

06. Wash your face.

07. Brush your teeth.

08. Get dressed.

09. Breakfast is ready!

10. Let's eat!

11. Chew it up.

12. Put away your plates, please.

13. Put your shoes on.

14. Do you have everything?

15. Have a good day!

16. Good luck at school!

17. I love you!

発音 *Check!*

https://youtu.be/1DCvgygdLbk?t=11

COLUMN

 アメリカの子どもが好きなごはんTop3！
・・・・・・・・・・・・・・・・・・・・・・・・・・・・・・・・・・・・・

NO.1

Mac and Cheese（マカロニチーズ）

堂々の1位！ Macとはマク○ナルド？ではなく「マカロニ」
のこと！ "What do you wanna eat for dinner?" の質問に、
ほぼ100%、"Mac and cheese!" と返ってくるほど。実は
大人も大好き！ 各家庭によってレシピは若干違うものの、
マカロニとチーズさえあれば簡単につくれちゃいます。
インスタントの商品も必ずパントリーにあるほどの常備食！

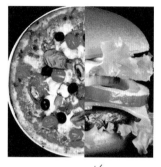

No.2

Pizza/ Burgers

ピザは日本よりもとても手軽なお値段で買うことができ、忙しいママも大助かり。一見栄養が偏っていると思われがちなピザやバーガーですが、最近ではフレッシュ野菜やオーガニック素材を使ったおしゃれなレストランも増え、ピザやバーガーを罪悪感なしに安心して楽しむ家庭も多くなっているようです。

No.3

Chicken Nuggets

ランチに入っていたり、夕食の一品に出てくると大喜びするchicken nuggets! ベジタリアンやヴィーガンの家庭の子どもたちも楽しめるように、大豆などを使った vegan chicken nuggets のレシピや冷凍食品も増えています。興味のある方は vegan chicken nuggets で検索してみてください。

Routine 2

外出先から帰宅したときのフレーズ

Routine2
01
お迎え編

おかえり！
Hey, sweetie!

じつは、「ただいま」「おかえり」は日本特有の表現で、英語圏では
Hi. や Hey. と軽く挨拶する程度。長期間の旅先などから戻った際は、
「ただいま」を I'm home. や I'm back. と言う場合もありますが、普段
はあまり使いません。

Vocabulary

▸ **Hey** ——— 「やぁ」などの呼びかけ表現
▸ **sweetie** — 愛おしい人

キッズの返事

• **Hey, mom（dad）!**
 — ただいま！

解説 👓

「おかえり」だけでなく、自分が外出先から帰ってきたときも、「Hey, sweetie. ただいま！」と声をかけることもできます。また、Hey は Hello や Hi に比べるとややカジュアルな表現です。親しい間柄でよく使われているので、気軽に取り入れましょう！

発音のポイント 💡

● Sweetie のように単語の間にある T は L で発音すると、ネイティブ感がアップします！「スウィーティー」ではなく、「スウィーリー」と発音してみてください♬

Repeat練習 🔄

1 . まずはフレーズを短く区切って練習しましょう。

Hey, ― sweetie!

2 . まとめて練習

Hey, sweetie!

それでは、QRコードを読み取って
ネイティブママの発音を確認しよう！

発音Check!

https://youtu.be/Fw6zeHVUlls?t=12

今日、どうだった？

How was your day?

学校や仕事から帰ってきた家族にこの質問で声かけをすることで、日本語の「おかえり」や「おつかれさま」のように相手をねぎらうことができます。

Vocabulary

▸ **How was ~ ?** — ~はどうだった？
▸ **your day** —— あなたの一日

キッズの返事

• It was good.
  — よかったよ。
• It was not good.
  — よくなかったよ。

解説 👓

day の代わりに school や work に置き替えることもできます。

How was your school?　　学校はどうだった？

How was your work?　　仕事はどうだった？

発音のポイント 💡

● How のような疑問詞で始まる質問は通常、語尾を上げません。
イントネーションに注意してネイティブママの発音を確認してみましょう。

Repeat練習 🔄

1. まずはフレーズを短く区切って練習しましょう。

How was ── your day?

2. まとめて練習

How was your day?

それでは、QRコードを読み取って
ネイティブママの発音を確認しよう！

発音Check!

https://youtu.be/Fw6zeHVUlls?t=25

03

おやつを食べよう！

Let's get some munchies!

あまり聞き慣れない表現の munchies は「munch かじる」という意味から来ています。ちょっとかじるような食べ物をさすので主食ではなく、おやつによく使われます。

Vocabulary

- ▶ **Let's** ——— （一緒に）〜しよう
- ▶ **get** ——— 取る
- ▶ **some** ——— いくつか
- ▶ **munchies** — 軽食、スナック、おやつ

キッズの返事

- • **Yay!**
  ― やったー！
- • **Yes!**
  ― うん！

解説 👓

munchies のかわりに snacks を使ってももちろん大丈夫ですが、munchies というとネイティブ感がグンとアップします！

発音のポイント 💡

● some の発音は「サム」ではなく、「サーm（ム）」と語尾は唇を軽く閉じるだけで大丈夫です。
● このフレーズでは、some のあとに m から始まる単語 munchies が続くので、「サー、マンチーズ」と発音します。

Repeat練習 🔄

1. まずはフレーズを短く区切って練習しましょう。

Let's get ― some munchies!

2. まとめて練習

Let's get some munchies!

それでは、QRコードを読み取って
ネイティブママの発音を確認しよう！

発音Check!

https://youtu.be/Fw6zeHVUlls?t=42

04

手を洗って、うがいしておいで。

Wash your hands and gargle.

おやつを食べる前にまず手洗いとうがい！　英語での声かけで衛生管理もバッチリですね (^_-)-☆

Vocabulary

▸ Wash ——————— 洗う
▸ your hands —— あなたの手
▸ gargle ——————— うがいをする

キッズの返事

● Alright.
— わかった。

解説 👓

gargle は、「うがいをする・ガラガラ声で言う」という意味です。日本語の「ガラガラペ〜」に似ています (^▽^)/

発音のポイント 💡

● hands の ds は、z の音で発音します。
● and の d は、脱落してほぼ聞こえません。
● gargle は、「ガーゴォー」と発音します。

Repeat練習 🔄

1.まずはフレーズを短く区切って練習しましょう。

Wash your hands ― and gargle.

2. まとめて練習

Wash your hands and gargle.

それでは、QRコードを読み取って
ネイティブママの発音を確認しよう!

発音check!

https://youtu.be/Fw6zeHVUlls?t=58

Routine2
05

おやつ編

食べ過ぎないようにね。

Don't eat too much.

食欲旺盛なのは嬉しいことですが、お菓子の食べ過ぎは要注意！　お子さまが食べ過ぎていたら、すかさずこのフレーズで声をかけてみましょう！

Vocabulary

- ▸ **Don't ~** ── ～しないで（禁止）
- ▸ **eat** ──── 食べる
- ▸ **too much** ─ 過度な量、多すぎる

キッズの返事

- Okay.
  ── は～い。

70

解説 👓

Don't のあとに動詞を置くと「〜しないで」、too much は「〜しすぎる」。
これら 2 つを組み合わせると、Don't ~ too much.「〜し過ぎないで」
という意味になります。動詞を変えてさまざまな表現ができます。

発音のポイント 💡

● Don' t と eat の t は脱落して、ほぼ聞こえません。

Repeat練習 🔄

1.まずはフレーズを短く区切って練習しましょう。

Don't eat ― too much.

2．まとめて練習

Don't eat too much.

それでは、QRコードを読み取って
ネイティブママの発音を確認しよう！

発音Check!

https://youtu.be/Fw6zeHVUlls?t=76

宿題はあるの？

Do you have any homework?

毎日使える最強フレーズ！　学校から帰ってきたお子さまに英語で声をかけて、宿題を忘れる前にチャチャっと終わらせちゃいましょう！

Vocabulary

▸ **Do you have~ ?** — あなたは～がありますか？
▸ **any** —————— いくつか
▸ **homework** ——— 宿題

キッズの返事

• Yes, I do.
— あるよ。
• No, I don't.
— ないよ。

解説 👓

have は万能の言葉！ 「所有・存在・状態」を表し、会話で頻繁に使われるので是非おさえておきましょう。

例： I have a pen.　　ペンを持っている。（所有）

　　 I have a sister.　姉が 1 人いる。　　（存在）

　　 I have a fever.　熱がある。　　　　（状態）

発音のポイント 💡

● have の v は軽く息を吐き出す程度で大丈夫です。ちなみに v は上前歯を下唇に軽くつけたまま「うー」という声を出します。そうするとヴーの音になります。携帯をバイブにしたときに出る音を想像してください。

Repeat練習 🔄

1. まずはフレーズを短く区切って練習しましょう。

Do you have ― any homework?

2. まとめて練習

Do you have any homework?

それでは、QRコードを読み取って
ネイティブママの発音を確認しよう！

発音Check!

https://youtu.be/y1x8nrY7Lrk?t=12

宿題を終わらせてから遊んでね。

Finish your homework before playing.

Finish your homework before playing.

「遊ぶ前に宿題を済ませてね」とお子さまに英語で伝えてみましょう。
この表現で優先順位もバッチリです！

Vocabulary

- ▶ Finish ——— 〜を終える、終わらせる
- ▶ homework — 宿題
- ▶ before 〜 ——— 〜の前に
- ▶ playing ——— 遊ぶこと

キッズの返事

- Okay.
  — わかった。

解説 👓

日本語と英語では語順が少し違います。「遊ぶ前に＋宿題を済ませて」と日本語では言いますが、英語では「宿題を済ませて＋遊ぶ前に (Finish your homework ＋ before playing)」の順番になります。

発音のポイント 💡

● homework の k と playing の g は、脱落してほぼ聞こえません。
● homework は「ホゥ m（ム）ウォッ k（ク）」と短く発音するとネイティブ感がアップします。

Repeat練習 🔄

1. まずはフレーズを短く区切って練習しましょう。

Finish your homework ― before playing.

2. まとめて練習

Finish your homework before playing.

それでは、QRコードを読み取ってネイティブママの発音を確認しよう！

発音Check!

https://youtu.be/y1x8nrY7Lrk?t=28

Routine2

08

宿題編

宿題は終わったの？

Did you finish your homework?

宿題が終わったのか怪しいキッズに確認の一言！

Vocabulary

▸ **Did you ~ ?** ── あなたは〜した？
▸ **finish** ──── 〜を終える、終わらせる
▸ **homework** ── 宿題

キッズの返事

• **Yes, I did.**
── 終わったよ。
• **No, I didn't.**
── 終わってないよ。

解説 👓

Did you finish のあとに、終えるべき対象の物事を置き換えると応用ができます。

例： Did you finish your meal?　　食事は済んだの？

発音のポイント 💡

● Did と you は連結して「ディッジュ」と発音します。
● Yes. または No. で答えられるこの質問はクローズドクエスチョンといって、通常の発音は語尾のイントネーションを上げます。

Repeat練習 🔄

1. まずはフレーズを短く区切って練習しましょう。

Did you finish ── your homework?

2. まとめて練習

Did you finish your homework?

それでは、QRコードを読み取って
ネイティブママの発音を確認しよう！

発音Check!

https://youtu.be/y1x8nrY7Lrk?t=46

77

Routine2

09
宿題編

手伝おうか？

Do you need help?

宿題で困っているお子さまにはこのフレーズ！　宿題のとき以外にも、助けが必要か尋ねるときに使えるので、練習していつでも引き出せるようにしておきましょう。

Vocabulary

- ▸ **Do you ~ ?** ── あなたは～しますか？
- ▸ **need** ──── 必要とする
- ▸ **help** ──── 手助け

キッズの返事

- • Yes, please.
  ── うん、お願い。
- • No, thanks.
  ── いい、大丈夫。

解説

具体的に手伝う内容を言うときは、with を使います。

例： Do you need help with your homework?
　　 宿題を手伝おうか？
　　 Do you need help with something?
　　 何か助けが必要ですか？

発音のポイント

● help の発音は、「ヘルプ」ではなく、「ヘオ p（プ）」のように l（エル）
　 はオに近い音になり、p は脱落してほぼ聞こえません。

Repeat練習

1.まずはフレーズを短く区切って練習しましょう。

Do you need ― help?

2．まとめて練習

Do you need help?

それでは、QRコードを読み取って
ネイティブママの発音を確認しよう！

発音check!

https://youtu.be/y1x8nrY7Lrk?t=62

10

お昼寝しておいで（仮眠取っておいで）。

お昼寝・遊び編 | Go take a nap.

寝る子は育つ！　お昼寝も大事ですよね。仮眠を取ることで、パワーチャージ！　午後も元気に過ごしましょう。

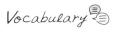

▶ Go ───── 行く
▶ take a nap ── 仮眠を取る、昼寝する

キッズの返事

• Alright.
　— は〜い。
• No, I'm fine.
　— いい、大丈夫。

解説 👓

会話でよく使われる表現 Go + 動詞「〜しておいで」という意味になります。

例：　Go brush your teeth.　　歯を磨いておいで。
　　　Go get dressed.　　　　着替えておいで。

発音のポイント 💡

● take と a は連結して、「テイカァ」になります。

Repeat練習 🔄

1. まずはフレーズを短く区切って練習しましょう。

Go ― take a nap.

2. まとめて練習

Go take a nap.

それでは、QRコードを読み取って
ネイティブママの発音を確認しよう！

発音Check!

https://youtu.be/3XPsk5FK_To?t=12

お散歩行こう！

Let's go for a walk!

「散歩に行く」は go for a walk や take a walk が一般的な言い方です。言いやすい表現を選んで使ってください。たっぷりお昼寝をした後は、散歩に出かけて一緒に季節を楽しみましょう！

Vocabulary

▸ **Let's** ——————（一緒に）〜しよう
▸ **go for a walk** — 散歩に行く

キッズの返事
- **Yes!**
  はーい！
- **No, I don't want to.**
  — え〜、行きたくない。

解説 👓

Let's は相手と一緒に何かやりたいことを提案するときに使える、便利な表現です。

Let's のあとはやりたいこと、動詞を置きます。

例： Let's read a book.　　本を読もう。

発音のポイント 💡

● walk はカタカナ読みで「ウォーク」でおなじみですよね。「ウォーク」はイギリス英語の発音です。アメリカ英語はスペル通り「wa（ワ）」と発音し、「ワーク」と長めに発音します。余談ですが、「仕事」の work は、ウォに R の発音を入れて短く「ウォック」と発音します。

Repeat練習 🔄

1. まずはフレーズを短く区切って練習しましょう。

Let's go ── for a walk!

2. まとめて練習

Let's go for a walk!

それでは、QRコードを読み取ってネイティブママの発音を確認しよう！

発音Check!

https://youtu.be/3XPsk5FK_To?t=27

12

お昼寝・遊び編

部屋を片づけなさい。

Clean up your room.

Clean up your room.

テレビの前でダラダラしているお子さまを見ると、ついついイライラ感情が…。そんなときも英語をアウトプットするチャンスです！ 散らかった部屋を片づけて欲しいときは Clean up your room. と声をかけてみましょう。

Vocabulary

▶ **Clean up** —— 掃除する、きれいにする
▶ **your room** — あなたの部屋

キッズの返事

● **Okay.**
— わかった。

解説

この声かけでお子さまが行動に移してくれたときは、「Thank you (for listening).（聞いてくれて）ありがとう」をプラスアルファ加えることで信頼関係も深まるでしょう！　いつもお互い感謝の気持ちを忘れずに！

発音のポイント

- Clean の n と up の u は連結します。
- 早く発音すると、clean up と your が連結して「クリーナッピュア」という音になります。

Repeat練習

1. まずはフレーズを短く区切って練習しましょう。

   Clean up ― your room.

2. まとめて練習

   Clean up your room.

それでは、QRコードを読み取って
ネイティブママの発音を確認しよう！

発音Check!

https://youtu.be/3XPsk5FK_To?t=42

13 外で遊ぼう！

Let's play outside!

お子さまと太陽の光を浴びてストレス発散！　睡眠の質・学習能力の向上にもつながるでしょう！

Vocabulary

▸ Let's ——— （一緒に）〜しよう
▸ play ——— 遊ぶ
▸ outside — 外で

キッズの返事

• Yay!
— やったー！
• No, I'm fine.
— いい、大丈夫。

解説 👓

「外で」は英語で outside 、反対に「中で」は inside といいます。Let's play inside. で「中で遊ぼう」となります。ちなみに、出かけるときは、Let's go out!「出かけよう！」と言います。

発音のポイント 💡

● outside は、「アウトサイド」と発音するのは卒業しましょう！ 単語の中にある t と語尾の d は脱落して、ほぼ聞こえなくなるので「アウッサーイ」と、発音します。

Repeat練習 🔄

1. まずはフレーズを短く区切って練習しましょう。

　　　Let's play ─ outside!

2. まとめて練習

　　　Let's play outside!

それでは、QRコードを読み取ってネイティブママの発音を確認しよう！

発音check!

https://youtu.be/3XPsk5FK_To?t=58

14

テレビ編

テレビを見よう！

Let's watch TV!

みんな大好きなテレビ！　好きな番組が始まると特にウキウキしちゃいますよね。お子さまの大好きな番組が始まる前に一言、Let's watch TV. と声かけしてみましょう♪

Vocabulary

▶ **Let's** —— （一緒に）〜しよう
▶ **watch** — 見る
▶ **TV** —— テレビ

キッズの返事

• **Yes!**
　— いいね！
• **No, I'm fine.**
　— いい、大丈夫。

解説 👓

TV 以外にも、movie「映画」などを続けると色々応用できます。

例： Let's watch movies!　　映画を観よう！

Let's に not 加えると、否定の提案ができます。

例： Let's not watch TV. Let's go outside!

　　　テレビ見るのをやめて外に行こう！

発音のポイント 💡

● TV は Television の略。v は上前歯を下唇に軽くつけ、空気を震わせて「ヴィー」と発音します。

Repeat練習 🔄

1. まずはフレーズを短く区切って練習しましょう。

Let's watch ── TV!

2. まとめて練習

Let's watch TV!

それでは、QRコードを読み取ってネイティブママの発音を確認しよう！

発音Check!

https://youtu.be/MgZtnWAoAHs?t=11

15 近すぎるよ!

テレビ編 | Too close!

よくあるシーンですよね〜(;^ω^)。テレビだけでなく、スマホ、タブレット、パソコンが近すぎるお子さまには直ちにこのフレーズを使いましょう。

Vocabulary

▶ **Too ~** —— 〜すぎる
▶ **close** —— 近い

キッズの返事

• Yes.
—— はい。

解説 👓

Too ~ で「~すぎる」という意味。close の他にいろいろな形容詞を使って応用しましょう。

例： Too loud.　　音が大きすぎる。

　　 Too cold.　　寒すぎる。

　　 Too hot.　　暑すぎる。

発音のポイント 💡

● close は「近い」という意味で、「クロース」と発音します。ちなみに「クローズ」と発音すると「閉じる、閉まる」の意味になります。

Repeat練習 🔄

1. まずはフレーズを短く区切って練習しましょう。

　　Too ― close.

2. まとめて練習

　　Too close.

それでは、QRコードを読み取ってネイティブママの発音を確認しよう！

発音Check!

https://youtu.be/MgZtnWAoAHs?t=28

16

テレビ見すぎないようにね。

Don't watch too much TV.

テレビを見ているとあっという間に時間がすぎてしまうってことよく
ありますよね。大人も注意ですが、お子さまにも英語で声かけてみま
しょう。

Vocabulary

▸ **Don't ~** —— ～しないで（禁止）
▸ **watch** —— 見る
▸ **too much** — 過度な量、多すぎる
▸ **TV** ——— テレビ

キッズの返事

• Yes.
— はい。

解説 👓

このフレーズは動詞を変えるだけでさまざまな表現ができます。

例： Don't eat too much.　　食べ過ぎないで。

　　 Don't drink too much.　飲み過ぎないで。

発音のポイント 💡

● Watch の ch と much の ch は同じ音で、無声音です。喉ぼとけを
指で触れて確認してみましょう。ch と発音すると喉ぼとけが振動
していないなら無声音の発音ができています！

Repeat練習 🔄

1. まずはフレーズを短く区切って練習しましょう。

Don't watch ─ too much ─ TV.

2. まとめて練習

Don't watch too much TV.

それでは、QRコードを読み取って
ネイティブママの発音を確認しよう！

発音Check!

https://youtu.be/MgZtnWAoAHs?t=42

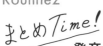

まとめ*Time!*

発音含め全て理解しているか音読しましょう！

01. Hey, sweetie!

02. How was your day?

03. Let's get some munchies!

04. Wash your hands and gargle.

05. Don't eat too much.

06. Do you have any homework?

07. Finish your homework before playing.

08. Did you finish your homework?

09. Do you need help?

10. Go take a nap.

11. Let's go for a walk!

12. Clean up your room.

13. Let's play outside!

14. Let's watch TV!

15. Too close!

16. Don't watch too much TV.

https://youtu.be/zBmMQVlbwsk?t=9

COLUMN

 英語の手遊び歌で一緒に遊ぶ ♪

・・・・・・・・・・・・・・・・・・・・・・・・・・・・

♪ This Little Piggy Went to Market

昔から歌われている英語の童謡です。手の指だけでは
なく、足の指の親指から小指までを順番よく指さして、
"wee wee wee"の部分で掌や足の裏をこちょこちょする
のですが、こどもたちもキャッキャして大喜びです！

🎤 This little piggy went to market,

This little piggy stayed home,

This little piggy had roast beef,

This little piggy had none,

And this little piggy cried "wee wee wee" all the way home.

♪ Finger Family

手遊び歌の大定番！　日本語の「この指パパ♬」で
もお馴染みですよね。英語バージョンでも歌えるとキッ
ズも大喜び間違いなし！

🎤 Daddy finger, daddy finger, where are you?

Here I am, here I am. How do you do?

※下線部をMommy/Brother/Sister/Babyと入れ替えて歌います♪

95

♪ Here We Go around the Mulberry Bush
(or This Is the Way)

歌詞には、朝起きてから学校に出かけるまでの行為が
沢山出てくるので、あわただしい朝でも楽しく歌って
準備がはかどるかもしれませんね♬

🎤 Here we go around the Mulberry Bush,

The Mulberry Bush, the Mulberry Bush.

Here we go around the Mulberry Bush

Early in the morning.

This is the way we wash our face,

Wash our face, wash our face.

This is the way we wash our face

Early in the morning.

※下線部を brush our teeth/comb our hair/put on our clothes/
eat our food/clean our bowls/go to school などと入れ替えて
歌います♪

♪ Peek a Boo

いないいないばあっ、しよう！

🎤 Let's play peek a boo!

Routine 3

夜、寝るまでのフレーズ

Routine3

01

夕食編

晩ごはんだよ。

Dinner is ready.

さぁ、晩ごはんの時間。お子さまとの大切なひと時の始まりです。大好きな人と食べるとさらに美味しく感じますよね。愛情たっぷり栄養たっぷりの夕食をとって、「たくましく育って欲しい」と気持ちを込めて伝えましょう。

Vocabulary

▶ **Dinner** —— 夕食
▶ **ready** —— 準備ができている

キッズの返事

• **Okay!**
  —— わかった。
• **Yay! I'm hungry!**
  —— やったー！
  お腹すいたー！

解説 👓

〜 is ready は「準備が整っている状態」を表します。
Dinner の代わりに Breakfast「朝ごはん」、Lunch「昼ごはん」などに
置き換えて使ってみてください。

発音のポイント 💡

● ready のように r から始まる単語の発音は、口を丸くして舌を軽く
曲げて「ウレディ」と意識して発音してみましょう。
● breakfast は、「ブレックファースト」ではなく、
「ブレックファストゥ」と fast を短く発音しましょう。

Repeat練習 🔄

1. まずはフレーズを短く区切って練習しましょう。

Dinner is ― ready.

2. まとめて練習

Dinner is ready.

発音Check!

https://youtu.be/sGBLRocVnho?t=12

それでは、QRコードを読み取って
ネイティブママの発音を確認しよう！

02

食べる前に手を洗ってね。

Wash your hands before eating.

「食事の前に手を洗ってね」のように、何かの前にやって欲しいことを伝えたいときの表現です。

Vocabulary

▶ **Wash your hands** ― （あなたの）手を洗う
▶ **before eating** ──── 食べる前に

キッズの返事

● **Alright.**
 ― わかった。

解説

before は「〜の前」という意味で、動詞に ing をつけた形の動名詞を使ってさまざまな表現ができます。

例： before eating 　　　　食べる前に

　　 before going to bed 　寝る前に

発音のポイント

● Wash と your は連結して、「ワァシュア」です。

● eat の ing 形は、t を d や l（エル）の音にすると発音しやすくなります。「イーリン」

Repeat練習

1. まずはフレーズを短く区切って練習しましょう。

Wash your hands ― before eating.

2. まとめて練習

Wash your hands before eating.

それでは、QRコードを読み取ってネイティブママの発音を確認しよう！

発音Check!

https://youtu.be/sGBLRocVnho?t=25

お野菜も食べてね。

Eat your vegetables, too.

好き嫌いをして野菜を残してしまうお子さまには、このフレーズを使って声をかけてみましょう。苦手な野菜も英語で声かけすると食べてくれるかもしれませんね!?

Vocabulary

▸ **Eat** ——— 食べる
▸ **vegetables** — 野菜
▸ **~, too.** ——— 〜も

キッズの返事

● **Okay.**
— わかった。

解説 👓

vegetables を別のおかずに置き換えても応用ができます。
例： fish　　 beans　　 rice　　 soup
スプーンやフォークを使って食べる食事は eat、カップやグラスに口を直接つけて飲むときは drink と判断します。ちなみに、味噌汁は soup と捉え、eat を使います。

発音のポイント 💡

● Eat の t は脱落してほぼ聞こえません。
● vegetable の v は上の前歯で下唇をしっかり触れて、空気を振動させます。

Repeat練習 🔄

1. まずはフレーズを短く区切って練習しましょう。

Eat your — vegetables, — too.

2. まとめて練習

Eat your vegetables, too.

それでは、QRコードを読み取って
ネイティブママの発音を確認しよう！

発音Check!

https://youtu.be/sGBLRocVnho?t=42

しっかり食べてね。

Eat well.

Well は「上手に、よく」の意味があり、Eat well. には栄養のあるものをよく噛んで、食べてというニュアンスが含まれています。「しっかり食べてね」「よく食べてね」という気持ちを込めて英語で声をかけてみましょう。

Vocabulary

▶ **Eat** ― 食べる
▶ **well** ― よく、上手に

キッズの返事

• Yes.
 ― はーい。

解説 👓

well は動詞と組み合わせていろいろな表現ができます。

例： Get well. （体調）よくなってね。

　　Sleep well. 　よく眠ってね。

発音のポイント 💡

● Eat の t は脱落してほぼ聞こえません。

● well のように l（エル）で終わる単語の発音、覚えていますか？「ル」ではなく、「オー」に近い音でしたね。「ウェオー」

Repeat練習 🔄

1. まずはフレーズを短く区切って練習しましょう。

　　Eat — well.

2. まとめて練習

　　Eat well.

それでは、QRコードを読み取って
ネイティブママの発音を確認しよう！

発音Check!

https://youtu.be/sGBLRocVnho?t=58

05

残さず食べてね。

Clean your plate.

直訳は「お皿をきれいにしてね」ですが、「お皿の上にあるものを残さず
きれいに食べてね」という親心が込められた表現です。

Vocabulary

▶ **Clean** —— きれいにする
▶ **your plate** — （あなたの）お皿

キッズの返事

• **Alright.**
— わかった。

解説

plate は「平たい皿」という意味があり、いわゆる dish（食器）の一種です。大きい平皿は dinner plate、小さい平皿は side plate、スープ用の深い皿は bowl と言います。ちなみに、dish には「お皿に盛られた料理」という意味もあります。

発音のポイント

● Clean と your は連結して、「クリーニュア」と発音します。

Repeat練習

1. まずはフレーズを短く区切って練習しましょう。

Clean ― your plate.

2. まとめて練習

Clean your plate.

発音Check!

それでは、QRコードを読み取って
ネイティブママの発音を確認しよう！

https://youtu.be/sGBLRocVnho?t=107

おかわり欲しい？　もっと食べたい？

Do you want some more?

おかわりを促すときに使えるフレーズ。some more で「もう少し」という意味。

Vocabulary

▸ Do you ~ ? — あなたは〜する？
▸ want ——— 欲しい
▸ some more — もっと、もう少し

キッズの返事

• Yes, please.
— うん、お願い。
• No thanks. I'm full.
— 大丈夫。
　お腹いっぱい。

解説 👓

Do you want more ~?　で「〜おかわりしたい（もっと〜が欲しい）？」
と、より具体的な名詞を言って尋ねることもできます。

例：　Do you want more soup?　　スープおかわりする？

　　　Do you want more rice?　　ごはんおかわりする？

発音のポイント 💡

● want の t は、脱落してほぼ聞こえません。

● some と more は連結して「サモァー」と発音します。

Repeat練習 🔁

1.まずはフレーズを短く区切って練習しましょう。

Do you want — some more?

2．まとめて練習

Do you want some more?

発音Check!

それでは、QRコードを読み取って
ネイティブママの発音を確認しよう！

https://youtu.be/sGBLRocVnho?t=74

ごちそうさま？（もうおしまい？）

Are you finished?

食事時だけでなく、「もう終わった？」と聞きたいときに使えるとっても便利なフレーズ。宿題、歯磨き、トイレ…いろいろな場面で大活躍間違いなし！

Vocabulary

▶ **Are you ~?** ── あなたは〜な状態？
▶ **finished** ──── 終えた

キッズの返事

• **Yes.**
── うん。
• **Not yet.**
── まだだよ。

解説 👓

同じ意味で Are you done? という表現もあります。表現は 1 つでは
ありません。ぜひ使ってみましょう。

発音のポイント 💡

- Finished の発音は「フィニッシュトゥ」で、ed は t の音になります。
- 動詞＋ ed の発音ルールを覚えましょう。動詞の語尾が k, s, ch, sh,
  p, f, x など無声音で終わる場合、ed の音は「トゥ (t)」の無声音にな
  ります。

例： liked　　missed　　watched

　　finished　　stopped　　mixed

Repeat練習 🔁

1. まずはフレーズを短く区切って練習しましょう。

Are you ― finished?

2. まとめて練習

Are you finished?

それでは、QRコードを読み取って
ネイティブママの発音を確認しよう！

発音Check!

https://youtu.be/sGBLRocVnho?t=90

シャワー浴びておいで。

Go take a shower.

さぁ、シャワーを浴びて1日の疲れを流してすっきりしましょう！
お子さまに英語で声かけをすることで、英語のシャワーもたっぷり
浴びてもらいましょう！

Vocabulary

▸ **Go+動詞** ——— ～しておいで
▸ **take a shower** — シャワーを浴びる

キッズの返事

• **Okay.**
— わかった。

解説 👓

「シャワーを浴びる」は take a shower、「お風呂に入る」は take a bath と表現し、どちらも take を使います。また、shower は動詞としても使われますが、bath は名詞のみで、動詞は bathe となります。ちなみに、イギリス英語は、Have a shower. Have a bath. と表現します。

発音のポイント 💡

● take と a は連結して、「テイカァ」と発音します。

Repeat練習 🔄

1. まずはフレーズを短く区切って練習しましょう。

Go take a ― shower.

2. まとめて練習

Go take a shower.

それでは、QRコードを読み取って
ネイティブママの発音を確認しよう!

発音Check!

https://youtu.be/O3eV-VrbrDs?t=12

もう遅いから、出なさい。

Get out now. It's late.

子どもはお風呂で遊ぶことが大好き！ 水で遊んでついつい長風呂しちゃいますよね。そんなときにこのフレーズ！ 伝え方や声のトーンなど音声で確認してくださいね。

Vocabulary

- ▸ **Get out** — 外に出る
- ▸ **now** — 今、直ちに
- ▸ **It's ~.** — ～だ。
- ▸ **late** — 時間が遅い

キッズの返事

- **Okay.**
  — わかった。

解説 👓

Get out には、「取り出す」という意味もあります。

Get A out of B. で「B から A を出す」という意味になります。

例： Get your shoes out of the shoe box.

　　 靴箱から靴を取り出してね。

発音のポイント 💡

● Get out は「ゲラウ」と発音しましょう。out の t は脱落して発音不要です！

Repeat練習 🔄

1. まずはフレーズを短く区切って練習しましょう。

Get out ― now. ― It's ― late.

2. まとめて練習

Get out now. It's late.

それでは、QRコードを読み取って
ネイティブママの発音を確認しよう！

発音Check!

https://youtu.be/O3eV-VrbrDs?t=28

10

タオルでふいてね。

Dry your body with a towel.

お風呂あがりにタオルでお子さまのからだを拭くときに、さらっとこのフレーズを使いましょう。

Vocabulary

▸ Dry ——————— 乾かす、(タオルなどで) 拭く
▸ your body —— あなたの体
▸ with a towel — タオルで

キッズの返事

● I will.
— そうする。

解説 👓

日本語にはない音 dr、th、l（エル）がたくさん出てきますが、繰り返し練習を重ねることで、口周りに英語の筋肉がつき、ネイティブに近い発音が可能になります！　忙しい毎日を送っている皆さんでも大丈夫！　ちょっとしたすきま時間に練習を続けてください。

発音のポイント 💡

● dry の dr は「ジュ」に近い音で「ジュライ」。
● with の th は、「ウィズ」ではなく、「ウィッ」。
● towel の l（エル）は「オー」で、「ターウォー」。

Repeat練習 🔄

1. まずはフレーズを短く区切って練習しましょう。

Dry your body ── with a towel.

2. まとめて練習

Dry your body with a towel.

それでは、QRコードを読み取って
ネイティブママの発音を確認しよう！

発音Check!

https://youtu.be/O3eV-VrbrDs?t=44

寝る準備して。

Get ready for bed.

Get ready for で「〜の準備をする」という意味です。for のあとに bed が続くので、「ベッドの準備をする」「ベッドメイキング？？」と勘違いしないでくださいね！ Get ready for bed. で「寝る準備（支度）をする」という意味です。夜もふけてきて、寝る時間が近づいたら、このフレーズをお子さまに声かけてみましょう。

Vocabulary

▶ **Get ready for** ── 〜の準備をする
▶ **bed** ──────── ベッド＝寝る

キッズの返事

• Yes, I will.
── うん、そうする。

解説 👓

Get ready for ~. はいろんな場面で応用が利くとても便利な表現です！

例： Get ready for school. 　　学校へ行く準備して。

　　Get ready for tomorrow. 　明日の準備をして。

　　Get ready for an exam. 　　試験に備えて。

発音のポイント 💡

● Get の t は、脱落してほぼ聞こえません。「ゲッ」

Repeat練習 🔄

１. まずはフレーズを短く区切って練習しましょう。

Get ready ― for bed.

２. まとめて練習

Get ready for bed.

それでは、QRコードを読み取って
ネイティブママの発音を確認しよう！

発音Check!

https://youtu.be/bABi24aNpqM?t=18

12 糸ようじも忘れずに。

Don't forget to floss.

歯磨き嫌いなお子様にはやさしいスマイルと声かけが必要かも。アメリカでは虫歯予防の意識がとても高く、子どもも定期的に歯医者さんにチェックをしてもらいます。フロスを使い、オーラルケアを入念に行っているんです。

Vocabulary

▸ **forget** — 〔～を〕忘れる、〔～を〕思い出せない

▸ **floss**
  — 糸ようじ。
   歯科用語は dental floss（デンタルフロス）

キッズの返事

• **Okay.**
  — わかった。

解説 👓

Don't forget to は「〜することを忘れないで」という意味で後ろに動詞が続きます。

例： Don't forget to take your umbrella.
　　傘を忘れないで持っていってね。
　　Don't forget to put on your mask.
　　マスクをつけるのを忘れないでね。

発音のポイント 🔦

● Don't と forget の t は、脱落してほぼ聞こえません。
　「ドンッ」「フォーゲッ」

Repeat練習 🔄

1.まずはフレーズを短く区切って練習しましょう。

Don't forget ── to floss.

2．まとめて練習

Don't forget to floss.

それでは、QRコードを読み取って
ネイティブママの発音を確認しよう！

発音Check!

https://youtu.be/bABi24aNpqM?t=27

Routine3

13

寝る前編

前歯、奥歯、右左、上下、よく磨いてね。

Brush your teeth back and forth, right and left, and up and down.

歯磨きはお子さまの健やかな成長に欠かせない、習慣の１つですよね。
磨いているときに英語で、前、後ろ、右、左など磨く方向に合わせて
声かけすると、楽しくしっかり隅々まできれいに磨けますね！
Routine1でも取り上げた Brush your teeth. をもう一度確認して練習
してみましょう。

Vocabulary

- ▸ **Brush your teeth** ― （あなたの）歯を磨く
- ▸ **back and forth** ―― 後ろ、前
- ▸ **right and left** ―― 右、左
- ▸ **up and down** ―― 上、下

キッズの返事

- ● **Alright.**
  ― わかった。

解説 👓

「前後」は back and forth 、「左右」は right and left 、そして「上下」は up and down と表現します。日本語とは順番が逆になります！

発音のポイント 💡

● back and forth は、「バッケン」。
● right and left は、「ゥライッエンレフ t （トゥ）」。
● up and down は、「アッペンダウン」。

Repeat練習 🔄

1.まずはフレーズを短く区切って練習しましょう。

Brush your teeth ─ back and forth, ─ right and left, ─ and up and down.

2．まとめて練習

Brush your teeth back and forth, right and left, and up and down.

発音Check!

それでは、QRコードを読み取って
ネイティブママの発音を確認しよう！

https://youtu.be/bABi24aNpqM?t=44

14

寝る前編

パジャマを着てね。

Put on your pajamas.

put on は服や帽子、靴、アクセサリー等、身につけるものに使える便利なフレーズです。

Vocabulary

▸ Put on ── 身につける
▸ pajamas ── パジャマ

キッズの返事

● Okay.
── わかった。

解説 👓

pajamas を他のアイテムに置き換えると応用がききます。

例： shirt（シャツ）　　pants（ズボン）
　　　hat（帽子）　　　　mask（マスク）

発音のポイント 💡

● Put と on を連結させ、さらに Put の t は l（エル）の音にして「プローン」というとネイティブ感がグッとアップします。
● pajamas の発音は「パジャーマズ」。アクセントの位置に注意しましょう。

Repeat練習 🔄

1.まずはフレーズを短く区切って練習しましょう。

Put on ─ your pajamas.

2．まとめて練習

Put on your pajamas.

それでは、QRコードを読み取って
ネイティブママの発音を確認しよう！

発音Check!

https://youtu.be/bABi24aNpqM?t=72

トイレ大丈夫？（トイレに行きたい？）

Do you need to go to the bathroom?

Do you need to go to the bathroom?

お子さまがもじもじしていたら、声かけのチャンスです！　眠る前にもしっかり声かけして朝までぐっすり眠れるようにしてあげましょう。

Vocabulary

▸ **Do you ~?** ────── ～する？
▸ **need to ~** ────── ～する必要がある
▸ **go to ~** ────── ～へ（に）行く
▸ **the bathroom** ─── トイレ、浴室

キッズの返事

- **Yes.**
  ─ うん。
- **No.**
  ─ 大丈夫。

解説 👓

会話表現で「おしっこ」は pee 、「うんち」は poo と言います。また、幼児のおむつ外しやトイレの練習、いわゆる「トイレトレーニング」は potty training（パーリートレーニング）といいます。

発音のポイント 💡

- need の d は脱落してほぼ聞こえません。
- the の th は有声音、bathroom の th は無声音で、th の音に違いがあります。喉に指を当てて、喉の震え方に違いがあるのを実感してみましょう。

Repeat練習 🔄

1. まずはフレーズを短く区切って練習しましょう。

Do you need to ― go to ― the bathroom?

2. まとめて練習

Do you need to go to the bathroom?

それでは、QRコードを読み取ってネイティブママの発音を確認しよう！

発音check!

https://youtu.be/bABi24aNpqM?t=90

16

絵本を読んで欲しい？

Do you want me to read a story?

1日の締めくくりとして、お子さまとの絵本タイム！ 英語で書かれた絵本をチョイスすることで、文化理解、語彙力UPにつながり、創造力を養うことができます。

Vocabulary

▸ Do you ~? ── ～する？
▸ want me to ~ ── 私に～して欲しい
▸ read a story ── 絵本（物語）を読む

キッズの返事

● Yes, please.
── うん、読んで。
● No, thanks.
── いい、大丈夫。

解説 👓

Do you want me to〜? 「私に〜して欲しい？」の表現は、続ける動詞を変えればいろいろ応用することができます。

例： Do you want me to sing?
　　 歌って欲しい？
　　 Do you want me to come?
　　 一緒に行って欲しい？（トイレに行くときなど）

発音のポイント 💡

● want の t は脱落してほぼ聞こえません。
● read と a は連結して「ゥリーダ」となります。

Repeat練習 🔄

１. まずはフレーズを短く区切って練習しましょう。

Do you want me ─ to read a story?

２. まとめて練習

Do you want me to read a story?

それでは、QRコードを読み取って
ネイティブママの発音を確認しよう！

発音Check!

https://youtu.be/bABi24aNpqM?t=108

おやすみ。

Good night.

今日も1日おつかれさま。明日もいい日でありますように！

Vocabulary

▶ **Good night** ― おやすみ

キッズの返事

• **Good night.**
― おやすみなさい。

解説 👓

Good night. の他にも、Sweet dreams. や Sleep tight. という表現もあり、どれも「おやすみ、ぐっすり眠ってね」という意味です。また、Good night, I love you. と、愛情表現をたっぷり注いであげるのもおすすめです。

発音のポイント 💡

● Good の d と night の t は脱落してほぼ聞こえません。

Repeat練習 🔄

1. まずはフレーズを短く区切って練習しましょう。

Good — night.

2. まとめて練習

Good night.

それでは、QRコードを読み取って
ネイティブママの発音を確認しよう!

発音check!

https://youtu.be/bABi24aNpqM?t=125

18

ぐっすり眠ってね。

Don't let the bedbugs bite.

「床ジラミに噛まれないようにね！」なんて、少しドキッとする表現ですが、これは一種のおまじないのようなもので、「ぐっすり眠ってね」の気持ちを込めて昔から使われている表現です。

Vocabulary

- ▸ bedbugs — トコジラミ、トコムシ
- ▸ bite ——— 噛む、噛みつく

キッズの返事

- Okay.
  — わかった。
- Good night.
  — おやすみなさい。

解説 👓

Don't は Do not を短縮した形で、「〜しないで」と禁止を表し、let + A + B で、「A に B させる」という意味です。

この2つを合わせて、Don't let + A + B で「A に B させないで」という意味になります。

Don't let the bedbugs bite! で「床ジラミに噛ませないように！」すなわち「噛まれないように」となり、「ぐっすり眠ってね」の意味が込められたおまじないです。

発音のポイント 💡

● Don't の t と、let の t は脱落して、ほぼ聞こえません。
　Don't let「ドンッレッ」
● bedbugs の d も脱落して、「ベッバグズ」と発音します。
● このフレーズはリズムよく言うのがコツです！

Repeat練習 🔄

1. まずはフレーズを短く区切って練習しましょう。

Don't let ― the bedbugs bite!

2. まとめて練習

Don't let the bedbugs bite!

それでは、QRコードを読み取って
ネイティブママの発音を確認しよう！

発音Check!

https://youtu.be/3g6mUG8ld6U?t=141

発音含め全て理解しているか音読しましょう！

01. Dinner is ready.

02. Wash your hands before eating.

03. Eat your vegetables, too.

04. Eat well.

05. Clean your plate.

06. Do you want some more?

07. Are you finished?

08. Go take a shower.

09. Get out now. It's late.

10. Dry your body with a towel.

11. Get ready for bed.

12. Don't forget to floss.

13. Brush your teeth back and forth, right and left, and up and down.

14. Put on your pajamas.

15. Do you need to go to the bathroom? 発音 *Check!*

16. Do you want me to read a story?

17. Good night.

18. Don't let the bedbugs bite.

https://youtu.be/23L8Amb7k1E?t=11

COLUMN

「英語deおまじない」寝る前の声かけ&子守唄♪

・・・・・・・・・・・・・・・・・・・・・・・・・・・・・・

✱ **You Are My Sunshine** ♪ (Song)

「あなたはわたしの太陽」と優しい歌詞のこの歌。キッズが大きくなってこの歌詞の意味を理解できるようになったとき、ママの愛情に心があたたかくなるような思い出の曲になるでしょう。

✱ **Don't Let the Bedbugs Bite!**

「トコジラミに噛まれないようにね!=噛まれないようにぐっすり眠ってね!」という眠る前の定番フレーズです。

✱ **Twinkle Twinkle Little Stars** ♪ (Song)

日本語でもなじみの歌なのでキッズも聞き入れやすく、リラックスして眠れるかもしれません。

✱ **Sleep Tight!**

よく眠ってね!

 おすすめ絵本 Best 8!

📖 Don't Let the Pigeon Drive the Bus!

絵本を読む前にバスの運転手
さんからある"お願い"をされます。
キッズに Can he drive the bus now?
と一緒に確認しながら読み進める
のも楽しいかもしれません。

著　者：　Mo Willems
出版社：　Walker Books Ltd

📖 Knuffle Bunny シリーズ

可愛い赤ちゃん言葉とついつい
生返事をしてしまう親。
シリーズ3作あり、毎シリーズの
ラストページでのトリクシーの
成長にうるっとしてしまいます。

著　者：　Mo Willems
出版社：　Walker Books Ltd

📖 Good Night Moon

1947年に発売され、今もなおおやすみ前の超有名＆定番絵本！ ゆっくりささやくように読めばいつの間にかキッズも......ママも!?

著者：
Margaret Wise Brown
出版社：
Two Hoots

📖 It's Okay to Be Different

「みんなと同じ」が安心、よしとされている日本の風潮の中、みんなと違っていいんだよと知ることができ、みんなとはちょっと違う周りのお友だちのこともスッと受け入れられるような内容です。

著者：
Todd Parr
出版社：
Little, Brown Books for Young Readers

📖 Llama Llama Red Pajama

ライミング（韻を踏む）の文章になっていて、子どもとの会話で使える単語がいっぱい入っています。他にも llama llama mad at mama, llama llama misses mama, などもあります！

著者：
Anna Dewdney
出版社：
Viking Books for Young Readers

📖 The Gruffalo

これはイギリスの有名な絵本。「虎の威を借る狐」のような教訓のお話です。イギリス英語・表現、アクセントも勉強になる一冊です。

著者：
Julia Donaldson
出版社：
Puffin Books

📖 Good Night, My Darling Baby

動物のパパ・ママが赤ちゃんにやさしく歌う子守唄が印象的。子守唄のメロディーを自分でアレンジしてお子様に歌ってあげるとステキな思い出になりますね。

著者：
Alyssa Satin Capucilli
出版社：
Little Simon

📖 Dot.

日頃SNSを利用する中でよく見る、ツイート、タップなどがどういう意味の単語か、ご存知ですか？ 主人公ドットがネットやSNSの中だけでなく、お友だちと実世界で楽しむ様子が描かれています。

著者：
Randi Zuckerberg
出版社：
Doubleday Childrens

さらに学びたい方へ無料プレゼント

　もっともっと幅広い表現力を身につけたい方、語学力をアップさせたい方のために、『おうち de バイリンガル英会話』の動画版もご用意しました。

　今回その一部を無料プレゼントさせていただきますので是非受け取ってください。

　内容は、『子どもを伸ばす魔法の声かけフレーズ集』と名付け、英語ネイティブの親が子どもに対してよく使う褒め言葉を動画にまとめました。

　本書で学んだ内容に加えて、お子さまにポジティブなエネルギーを与えましょう。

　さらに、本書で学んだ内容をさらに詳しく学びたい方には、『おうち de バイリンガル英会話　完全動画版』もご用意しています。

　日頃、お子さまに声かけする表現をさらに増やし、1つひとつのフレーズを日本人英語講師が使い方や発音のポイントを中心に詳しく解説し、ネイティブ親子の実際の会話の様子をみて学習できます。

　発音や顔の表情など、本書で学んだ内容が臨場感あふれる環境でさらに楽しく学べます。

　長い年月をかけて培った専門家たちの英語力と知識をこれらの教材に凝縮して制作しました。先進的な幼児教育に興味があり、英語がスムーズに喋れるようになりたいと強く願う方にぜひおすすめです。

　Don't miss it!

本書をご購入いただいたあなたに

おうち de バイリンガル英会話
リアル動画 無料版！
＼プレゼント！／

子どもを伸ばす
魔法の声かけ
フレーズ集♪

* ネイティブ親子が使うリアルな表現を厳選
* 英語脳が身につき自身の向上につながる
* 視覚と聴覚で確認できる動画解説

プレゼントご希望の方はメールに下記内容を記入の上
ari.billingal.english@gmail.com
宛に送信ください

・件名欄に「おうち de バイリンガル英会話リアル動画プレゼント」と記載
・本文欄にお名前（ニックネーム）を記載

あとがき

『おうち de バイリンガル英会話』いかがでしたか。英語習得の近道は1つです。1日の中で、どれだけ英語に触れるかであなたの理想の英語力に近づきます。英語は生きた道具です。長期的な視点を持ち、学んだフレーズを使うことで、成長が感じられます。自分に合った学習・実践スタイルで楽しく、ワクワクしながら学べる環境をつくることをおすすめします。『おうち de バイリンガル英会話』が皆さまにとって楽しく学ぶきっかけとなり、環境づくりの第一歩になれば幸いです。

最後に、本書を制作するにあたり、アドベンチャー・ラボの優秀なスタッフが携わってくれたこと、本書の企画に賛同し出版の機会を与えてくださった株式会社セルバ出版、並びに出版コーディネーターの小山睦男様、そして出版のきっかけを作っていただいた私のメンター高島吉成先生に深く感謝いたします。

本書『おうち de バイリンガル英会話』が、皆さまにとって親子でかけがえのない日々を過ごす一助となることを心より願っています。

「インプットで種をまき、アウトプットで芽を出し、継続することで花を咲かす」一歩一歩、前に進んでいきましょう！

著者プロフィール

Ari Nakaza（仲座　阿吏俊）

沖縄県出身。1979 年 9 月生まれ
語学教室　アドベンチャー・ラボ
代表
オンライン　英会話どっとライフ
代表
米国パデュー大学卒業
英語講師歴 17 年
米軍対応英語通訳、医療英語通訳

監修者プロフィール

Elizabeth Calkins（エリザベス カルキンズ）

アメリカ合衆国出身
アズーサ太平洋大学にて英語教授法 (TESOL) 修士号取得
英語講師歴 10 年
２児の母として子育てに奮闘中
オンライン英会話や英語教材編集に携わる

協力スタッフ

アドベンチャー・ラボ　マネージャー・語学講師　仲座 尚美
　　　　　　　　　　　イラスト・構成デザイン　長濱 真幸
　　　　　　　　　　　英語講師　　　　　　　　具志堅 奈津希

1日たった5分！　すきま時間
おうちde バイリンガル英会話ーー親子のための語りかけ英語

2023年1月23日　初版発行　　2024年7月8日　第2刷発行

著　者　Ari Nakaza　　Ⓒ
発行人　森　　忠順
発行所　株式会社 セルバ出版
　　　　〒113-0034
　　　　東京都文京区湯島1丁目12番6号 高関ビル5B
　　　　☎ 03 (5812) 1178　　FAX 03 (5812) 1188
　　　　http://www.seluba.co.jp/

発　売　株式会社 三省堂書店／創英社
　　　　〒101-0051
　　　　東京都千代田区神田神保町1丁目1番地
　　　　☎ 03 (3291) 2295　　FAX 03 (3292) 7687

印刷・製本　株式会社丸井工文社

Printed in JAPAN
ISBN978-4-86367-793-7